W0324099

Spiralschneider - Das Kochbuch

Schnell und gesund schlank mit Low Carb Gemüsenudeln - 35 leckere und kreative Rezepte mit dem Gemüseschneider für jeden Anlass

Sarah Kaiser

Für Fragen und Anregungen:
info@vibrantlife.de

1. Auflage 2016
ISBN-13: 978-1535487894

Vibrant Life Publishing ist ein Verlag der Vibrant Life UG
Marktplatz 6
92670 Windischeschenbach

Weitere Informationen zum Verlag finden Sie unter
www.vibrantlife.de/publishing

INHALTSVERZEICHNIS

EINLEITUNG

Was bedeutet Spiralisieren?

Spiralisieren ist ein Methode, mit der man Rohkost, beispielsweise Karotten, Äpfel, Gurken, Süßkartoffeln und Zucchini, in schmale Spiralen, Nudeln oder dünne Gemüsestreifen schneiden kann. Mithilfe einer Küchenmaschine kann man Gemüse sogar zu Reiskörnern klein schnippeln.

Das Spiralisieren ist eine einfache Methode, Obst und Gemüse zu schneiden und verringert gleichzeitig die Garzeit. Damit das Ergebnis auch stimmt, benötigen Sie noch einen speziellen Spiralschneider. Diese Küchenhelfer sind in der Regel leicht zu handhaben und auch einfach wieder zu reinigen.

Was ist ein Spiralschneider?

Ein Spiralschneider ist ein Küchengerät, mit dem Sie aus Zucchini Nudeln, aus Bete (Rote Bete, Gelbe Bete, Rote Rübe, etc.) Reis und aus Süßkartoffeln gewellte Pommes frites machen können. Es gibt verschiedene Arten von Spiralschneidern: Handheld, Vertikal und Horizontal. Es hat sich gezeigt, dass von den Verbrauchern vor allem die vertikale und die horizontale Arbeitsweise bevorzugt wird. Wofür Sie sich aber letztlich entscheiden, bleibt natürlich ganz Ihnen überlassen. Wichtig sollte aber die Qualität des Spiralschneiders sein; und da haben sich auf dem deutschen Markt besonders zwei Hersteller durchgesetzt: Lurch und Gefu.

Verschiedene Messeraufsätze geben Ihnen die Möglichkeit, verschiedene Nudel-Variationen zu kreieren, angefangen bei dünnen Streifen im Spaghetti-Stil, bis hin zu breiten Fettuccine-Gemüsenudeln.

Vorteile des Spiralisierens

Immer mehr Menschen achten darauf, sich gesund zu ernähren und legen auch Wert darauf, sich ihr Essen zuhause frisch zuzubereiten. Spiralschneider erleichtern dabei nicht nur die Zubereitung, sie sorgen auch gleichzeitig dafür, dass es abwechslungsreich auf dem Teller wird. Diese tollen Küchenhelfer bieten vielfältige Möglichkeiten, Salate und Gemüsegerichte kreativ anzurichten und den eigenen Speiseplan etwas aufzupeppen.

Einige der wichtigsten Vorteile die spiralisiertes Gemüse besitzt:

- Spiralisieren hilft beim Abnehmen – spiralisiertes Gemüse enthält, im Vergleich zu klassischer Pasta oder Reis, Ballaststoffe, Proteine, gute Kohlenhydrate und Mineralien, die den Stoffwechsel in Fahrt bringen und satt machen. Spiralisierte Gemüsenudeln besitzen zudem nur wenig

Kalorien, sowie einen geringen Zucker- und Salzgehalt.

- Gerichte sehen besser aus – Ein Spiralschneider sorgt für Abwechslung auf dem Teller. Anstatt das Gemüse wie üblich, in Würfel oder Stifte geschnitten, können Sie mithilfe eines Spiralschneiders Süßkartoffel-Reis, Kürbis-Stränge oder dünne Kohl-Streifen kreieren. Das Auge isst bekanntlich mit, und ein kreativ angerichteter Teller macht doch einfach Lust auf mehr!
- Spiralisieren macht Rohkost ansprechender – An den Gerichten, die in diesem Buch vorgestellt werden, können Sie sehen, dass Rohkost nicht einfach nur Rohkost ist. Eine gesunde Ernährung muss nicht eintönig und langweilig sein. Lassen Sie sich einfach von der Vielseitigkeit eines Spiralschneiders überzeugen.
- Spiralisieren macht es leichter, einen bestimmten Ernährungsplan einzuhalten – Für den Fall, dass Sie sich vegan, vegetarisch, mediterran oder nach Paleo ernähren, Sie werden die Vorzüge eines Spiralschneiders zu schätzen wissen. Mithilfe des Schneiders können Sie ganz einfach Nudeln, Suppen, Pommes frites oder Gemüsestreifen kreieren, die zu einhundert Prozent in ihre spezielle Ernährung passen.

Beliebte Gerichte, die man spiralisieren kann

Im Laufe des Buches und spätestens bei den hier vorgestellten Rezepten, werden Sie sehen, dass die Möglichkeiten, die Sie beim Spiralisieren von Gemüse haben, endlos sind. Hier schon einmal einige Beispiele, welche Gerichte sich mithilfe eines Spiralschneiders auf Gemüseart kreieren lassen:

- Gemüsereis
- Suppen und Eintöpfe
- Salate
- Waffeln
- Omelette
- Pommes frites
- Eingelegtes Gemüse
- Spaghetti
- Kinderfreundliche Snacks
- Nudeln
- Desserts

Mit der richtigen Inspiration macht Kochen Spaß, ist einfach und nährstoffreich. Lassen Sie Ihrer Kreativität in der Küche einfach freien Lauf und Sie werden sehen, dass gesunde Lebensmittel gar nicht so langweilig sind, wie Sie anfangs vielleicht gedacht haben.

FÜR WEN EIGNET SICH SPIRALISIEREN?

Sie kennen wohl am besten den Grund dafür, warum Sie sich für das Spiralisieren entschieden haben, dennoch möchte ich an dieser Stelle noch einmal darauf hinweisen, dass besonders der Aspekt der gesunden Ernährung für die Anschaffung eines Spiralschneiders spricht. Jeder profitiert doch von einer Ernährung, die reich an Obst und Gemüse ist, oder nicht?

Dafür gibt es eben keinen besseren Weg, der dabei auch noch so viel für die Optik Ihres Essens tut. Auch pingelige Kinder werden so Ihren Spaß an gesunden Snacks bekommen.

Spiralisieren ist also für jeden geeignet; und auch Menschen, die den unten aufgeführten Ernährungen folgen, werden von einem Spiralschneider profitieren können:

Glutenfreie (Zöliakie) Ernährung: Bei Zöliakie handelt es sich um eine Autoimmunkrankheit, bei der eine Glutenzufuhr den Dünndarm schädigt. Ein Heilmittel gegen diese Krankheit gibt es nicht, und der einzig effektive Weg, mit dieser Krankheit umzugehen, liegt in der richtigen Ernährung. Nudeln beispielsweise werden aus Weizen hergestellt, das wiederum Gluten enthält. Natürlich kann man auch auf Vollkornnudeln zurückgreifen, doch die enthalten u.U. einen hohen Gehalt raffinierter Kohlenhydrate. Spiralisierte Gemüse-Nudeln bieten daher eine gesunde, glutenfreie Alternative.

Low-Carb und Semi-Low-Carb Ernährung: Nudeln und Reis enthalten für Menschen, die sich Low-Carb ernähren möchten, deutlich zu viele Kohlenhydrate. Eine Low-Carb-Ernährung sieht in der Regel 20 – 100g Kohlenhydrate vor, und 150g Nudeln enthalten bereits 80g Kohlenhydrate. Mit einer Portion können Sie Ihre tägliche Ration also bereits weit überschreiten. Ersetzen Sie Reis und Nudeln einfach durch spiralisiertes Gemüse und Sie befinden sich auf der sicheren Seite.

Paleo Ernährung: Bei diesem Ernährungstyp stehen vorrangig Obst, Gemüse, Nüsse und Samen auf dem Speiseplan, sowie tierische Eiweiße. Auf Getreide, Hülsenfrüchte, verarbeitete Lebensmittel und industriell hergestellte Samen- und Kernöle wird hingegen gänzlich verzichtet. Spiralisiertes Gemüse kann dieser althergebrachten Ernährungsweise etwas mehr Abwechslung verleihen.

Low-Calorie Ernährung: Spiralisiertes Gemüse kann jedem dabei helfen, der durch eine reduzierte Kalorienzufuhr, Gewicht verlieren möchte. Gemüse-Nudeln besitzen wesentlich weniger Kalorien als ihre weizenhaltigen Kollegen.

Vegane und Vegetarische Ernährung: Für alle, die sich auf rein pflanzlicher Basis ernähren, können Gemüse-Nudeln etwas frischen Wind auf den Teller bringen. Rohkost war noch nie so abwechslungsreich.

WELCHE SPIRALSCHNEIDE R GIBT ES?

Spiralschneider werden immer beliebter; und mittlerweile hat man die Wahl zwischen einigen Modellen. Die Preisunterschiede reichen von etwa €10 bis weit über €50 und ebenso variiert die Anzahl möglicher Schneideoptionen. Vor einem Kauf sollten Sie sich daher fragen, wie häufig dieses Gerät bei Ihnen Anwendung findet, wie wichtig es Ihnen ist, verschiedene Nudelarten herstellen zu können und wie viel Stauraum Sie für Ihren Spiralschneider zur Verfügung haben.

Handkurbel-Modelle

Handkurbel-Modelle sind ungefähr so groß wie ein Toaster und funktionieren über eine Handkurbel, ähnlich einem altmodischen Apfelschäler. Sie sind in der Regel einfach zu handhaben, und das Beste an ihnen sind die verschiedenen Schneide-Optionen, mit denen Sie die unterschiedlichsten Nudelformen kreieren können.

So funktionierts:

Das gewünschte Obst oder Gemüse wird von kleinen Zinken, die sich an der Kurbel und der zentralen Klinge befinden, gehalten. Sobald Sie die Kurbel betätigen, wird das Obst/Gemüse durch die Klinge gedrückt und es entstehen lange, leicht gewellte Fäden.

Vorteile:

- EINFACH ZU REINIGEN:

Die meisten Handkurbel-Modelle sind spülmaschinengeeignet und außerdem ganz einfach mit einer Handbürste, etwas Wasser und Spülmittel zu reinigen.

- EINFACHE ANWENDUNG:

Die Handkurbel-Modelle kreieren die Gemüsenudeln schnell und mühelos.

- MEHR NUDEL-OPTIONEN:

Handkurbel-Modelle verfügen meist über drei oder vier austauschbare Klingen, die es Ihnen ermöglichen, Nudeln in verschiedenen Formen und Größen herzustellen – schmale Spiralfäden, breitere Fettuccine und dünne Spaghetti. Neben den verschiedene Optionen sehen die Nudeln der Handkurbel-Modelle auch schöner aus, als die der Sanduhr-Modelle.

- PRÄZISION UND KONTROLLE:

Saugnäpfe an der Unterseite, verleihen dem Spiralschneider einen festen Halt, bieten eine bessere Hebelkraft und machen das Spiralschneiden daher sehr einfach.

Nachteile:

- GRÖSSE:

Im Gegensatz zu den Sanduhr-Modelle, sind Modelle mit Handkurbel nicht unbedingt platzsparend. Sie sind in etwa so groß wie ein Toaster und brauchen dementsprechend viel Platz.

- KOSTEN:

Die Preise von Handkurbel-Modellen liegen durchschnittlich zwischen €30 und €50 und sind somit teurer als die Sanduhr-Modelle.

Gut geeignet für:

Die meisten Handkurbel-Modelle kommen problemlos mit bis zu 25 cm langen und 18 cm dicken Obst- und Gemüsestücken zurecht. Mit anderen Worten, sie bewältigen alle Gemüse- und Obstsorten, die sich zum Spiralisieren eignen. Diese Modelle sind ideal für große Wurzelgemüsesorten, wie Bete, Kartoffeln und Kürbis.

Die beliebtesten Modelle:

- Der Spiralschneider Spiral von Lurch
- Der Spiralfix von GEFU
- Der PREMIUM Spiralschneider von Cuisique

Sanduhr-Modelle

Sanduhr-Spiralschneider heißen so, weil ihre Form an eine Sanduhr erinnert. Sie sind im Gegensatz zu den Handkurbelmodellen leichter und kleiner, so nehmen sie in der Küche viel weniger Platz weg und können zudem bei Bedarf besser transportiert werden. Auf diese Weise lässt sich auch ein Salat im Büro frisch zubereiten.

So funktionierts:

Sanduhr-Spiralschneider sind die einfachsten und kostengünstigsten Modelle auf dem Markt. Sie funktionieren wie ein klassischer Bleistift-Anspitzer, bei dem jedes Ende Nudeln in einer anderen Größe kreiert. Einfach das gewünschte Obst oder Gemüse in eines der Enden platzieren und dann einfach drehen. Sobald das Obst/Gemüse sehr kurz geworden ist, lässt sich der Rest mithilfe eines Aufsatzes spiralisieren.

Vorteile:

- EINFACH ZU REINIGEN:

Ebenso, wie ihre großen Kollegen, sind die meisten Sanduhr-Modelle spülmaschinengeeignet und auch ebenso einfach mit Wasser und Spülmittel zu reinigen.

- EINFACHE AUFBEWAHRUNG:

Durch ihre kompakte Größe lassen sich diese Spiralschneider schon in der Schublade verstauen und sind somit ideal für kleine Küchen mit wenig Stauraum.

- PREISWERT:

Viele Sanduhr-Modelle bekommt man bereits für rund €10, was besonders Einsteigern entgegenkommt, aber auch Personen, die nur ab und zu einen Spiralschneider verwenden wollen und daher nicht den Preis eines Handkurbel-Schneiders bezahlen möchten.

Nachteile:

- SCHWERER ZU HANDHABEN:

Auch wenn das Prinzip dieser Modelle recht einfach ist, so erfordert es doch einiges an Mühe, um lange Gemüsenudeln herzustellen.

- KÜRZERE NUDELN:

Sanduhr-Modell bieten lediglich zwei verschiedene Nudelgrößen an, und die produzierten Nudeln sind zudem meist kürzer, als die der Handkurbel-Modelle. Sie können im Prinzip Spaghetti-ähnliche Nudeln kreieren, doch die Nudeln werden weniger wie richtige Spaghetti aussehen, im Gegensatz zu den Gemüsespaghetti, die mithilfe eines Handkurbel-Geräts produziert wurden.

Gut geeignet für:

Die Sanduhr-Modell sind am besten für langes, dünnes Gemüse geeignet, etwa Karotten, Gurken und Zucchini. Bei größeren Gemüsesorten empfiehlt es sich, diese erst in kleinere Stücke zu schneiden.

Die beliebtesten Modelle:

- Der Spirelli von GEFU
- Der Spiralschneider Veggie von GSD
- Der Gourmet maxx Julienne und Spiralschneider von TV Unser Original

DIE ZUDEL

Zucchini sind in Verbindung mit einem Spiralschneider der absolute Klassiker, wenn es um Gemüsenudeln geht. Und das absolut zu Recht. Zucchini sind nicht nur einfach zu spiralisieren, in diesem Gemüse stecken auch eine ganze Menge Nährstoffe, etwa Kalium, Folsäure und Vitamin A.

Darüber hinaus lassen sie sich auch wunderbar mit anderen Lebensmitteln kombinieren, und bieten Ihnen damit eine einfache Grundlage für leckere und abwechslungsreiche Gerichte.

Abgesehen von dem gesundheitlichen Aspekt lassen sich Zudeln einfach schnell produzieren. Sie müssen die Zucchini vor dem Spiralisieren nicht schälen, Sie können eine gewisse Menge Zudeln auf Vorrat produzieren und lagern und auch beim Kochen ist es Ihnen überlassen, ob sie eine gegarte oder eine Rohkost-Variante möchten. Worauf Sie gerade Lust haben.

Darum ist die Zudel ein Klassiker:

- **Herstellung**: Das Schälen der Zucchini ist optional, entscheiden Sie , wie Sie es mögen. Vielleicht sollten Sie aber berücksichtigen, dass gerade in der Schale der Zucchini die meisten Nährstoffe stecken. Vor dem Spiralisieren müssen Sie die Zucchini dann lediglich gründlich abwaschen und die Enden glatt und gerade abschneiden.
- **Lagerung**: Zudeln lassen sich wunderbar auf Vorrat herstellen. In einem fest verschlossenen Behälter können Sie Ihre Zudeln im Kühlschrank bis zu 5 Tage lagern. Für die Tiefkühltruhe hingegen eigenen sich Zudeln nicht.
- **Zubereitung**: Sie haben die Wahl: genießen Sie Ihre Zudeln als Rohkost, gegart (2 – 3 Minuten in kochendem Wasser) oder kurz angebraten (ebenfalls 2 – 3 Minuten). Da Zucchini sehr gut mit anderen Lebensmitteln harmonieren, kann man sie auch wunderbar mit anderen Gemüsenudeln in einer bunten Gemüsenudel-Pfanne verwenden. Auch für eine Frittata oder einen Auflauf sind Zudeln großartig geeignet.

Wird es zur Nudel?

Wahrscheinlich sind Sie nach Ihren ersten positiven Erfahrungen mit dem Spiralschneider voller Tatendrang und wollen nicht nur Zudeln kreieren. Warum auch, es gibt ja noch zahlreiche andere Gemüse- und Obstsorten, die wie gemacht für den Spiralschneider zu sein scheinen. Leider gilt: Schein ist nicht immer gleich sein. Einige Sorten besitzen einfach nicht die erforderliche Struktur und würden vom Spiralschneider wohl eher zerquetscht anstatt in schöne Wellen geschnitten. Um aus der Lust auf kreatives Essen keinen Frust werden zu lassen, sollten Sie auf Folgendes achten:

Festes Fleisch: Obst und Gemüse mit festem Fleisch eignen sich bestens zum Spiralisieren. Dazu gehören Zucchini, Yambohnen, Bete, Radieschen und alle ähnlichen Sorten. Gemüsesorten mit etwas weniger festem Fleisch, etwa Auberginen, lassen sich zwar ebenfalls spiralisieren, doch bei solchen Sorten gestaltet sich der ganze Vorgang etwas schwieriger.

Keine Kerne: Obst- und Gemüsesorten, die einen Stein oder Strunk haben, können nicht als Ganzes in den Spiralschneider und müssen vorher zumindest halbiert und entkernt werden. Die kleinen Kerne von beispielsweise Äpfeln, dürften einem Spiralschneider keine großen Probleme bereiten, während der Strunk bei einem Kohl vorher entfernt werden sollte.

Von innen fest: Die Frucht oder das Gemüse sollte insgesamt eine eher feste Struktur besitzen, so wie Karotten oder Bete.

Einen Durchmesser von min. 4 Zentimetern: Mit dünnerem Obst oder Gemüse wird das Spiralisieren nicht funktionieren. Auch die dünne Messerseite eines Sanduhr-Schneiders eignet sich dafür nicht.

Eine Länge von 5 Zentimetern oder mehr: Da sich die Länge der Spiralen durch die Länge des verwendeten Obsts/Gemüses ergibt, ist es nur logisch, dass kurze Obst- und Gemüsestücke auch nur kurze Spiralen ergeben können. Wo bliebe dabei der Spaß?

Die folgende Liste soll Ihnen ein hilfreicher Leitfaden sein, mit dem Sie auf einen Blick erkennen, welche Arten von Obst und Gemüse sie einfach durch den Schneider jagen können, welche vorher noch etwas Vorbereitung (schälen, halbieren, etc.) benötigen und mit welchen Obst- und Gemüsesorten sie nur Ihre Zeit verschwenden.

Liste: Nudel oder keine Nudel?

Einfach und Ideal

Äpfel: Enden flach abschneiden, Stiel entfernen

Bete: Schälen, Enden flach abschneiden

Karotten: Schälen, Enden flach abschneiden

Gurken: Schälen, Enden flach abschneiden

Radieschen: Schälen, Enden flach abschneiden

Birnen: Schälen (optional), Enden flach abschneiden

Kartoffeln, weiß oder rote: Schälen (optional), Enden flach abschneiden

Steckrüben: Schälen, Enden flach abschneiden

Sommerkürbis: Enden flach abschneiden

Süßkartoffel: Schälen, Enden flach abschneiden

Rüben: Schälen, Enden flach abschneiden

*Zucchini:*Enden flach abschneiden

Mit etwas Muskelkraft

Brokkoli: Enden des Stiels flach abschneiden

Butternusskürbis: Dickes, rundes Ende, sowie den Stiel entfernen, schälen

Kohl: Halbieren, entkernen, äußere Blätter entfernen

Sellerie: Blätter entfernen, Enden flach abschneiden, schälen

Yambohne: Enden flach abschneiden, schälen

Völlig ungeeignet

Paprika

Aubergine

Lauch/Porree

Melone

Ananas

LOW-CARB-FREUNDLICH AUSWÄHLEN

Wenn Sie sich Low-Carb ernähren, dann wissen Sie bereits, dass bestimmte Obst- und Gemüsesorten Ihre tägliche Kohlenhydrat-Zufuhr stärker in die Höhe treiben als andere. Welches Obst oder Gemüse Sie wählen sollten, hängt aber noch von weiteren Faktoren ab. Wenn Sie beispielsweise gerade mit der Atkins Diät begonnen haben, die Ihnen eine tägliche Kohlenhydrat-Zufuhr von 20 Gramm erlaubt, werden Sie sich wohl weniger Süßkartoffeln entscheiden. Dafür wären Sie aber mit Zucchini bestens bedient.

Für den Fall, dass Sie sich an eine Semi-Low-Carb-Ernährung halten, etwa Paleo, dann haben Sie eine viel breitere Auswahl an Obst und Gemüse, bevor Sie Ihre tägliche Kohlenhydratzufuhr sprengen. Andere Faktoren, die kohlenhydratreduzierte Ernährungspläne in Betracht ziehen, um Ihre Kohlenhydratzufuhr zu bestimmen, sind: Alter, Geschlecht, Verträglichkeit von Kohlenhydraten und alle relevanten medizinischen Beschwerden, etwa Diabetes oder eine Schilddrüsenunterfunktion.

Die oben genannten Faktoren werden also in Ihre Obst- und Gemüsewahl einfließen. Sie sollten dabei aber nicht vergessen, dass spiralisiertes Gemüse grundsätzlich weniger Kohlenhydrate enthält als verarbeitete Nudelprodukte.

Wahrscheinlich wissen Sie auch, dass der Erfolg einer Low-Carb Ernährung in der Kontrolle des Blutzuckerspiegels liegt. Ballaststoffe lassen den Blutzucker nicht ansteigen, werden in den meisten Rezepten aber den Kohlenhydraten angerechnet. Aus diesem Grund haben es sich viele Menschen zur Gewohnheit gemacht, die Grammzahl der Ballaststoffe von der angegebenen Grammzahl der Kohlenhydrate abzuziehen und somit die sogenannten “Net-Carbs” (Netto-Kohlenhydrate) zu errechnen.

Ein Beispiel: Aus einem Gericht mit 15 Gramm Kohlenhydraten und 5 Gramm Ballaststoffen errechnen sich 10 Gramm Netto-Kohlenhydrate. Die Rezepte in diesem Buch enthalten die Gesamtinformationen über Kohlenhydrate und Ballaststoffe, so dass Sie ganz einfach den Gehalt der “Net-Carbs” errechnen können.

Die folgenden Tabelle zeigt Ihnen den gesamten Kohlenhydratgehalt der Lebensmittel an, die Sie spiralisieren können.

Kohlenhydratgehalt verschiedener Obst- und Gemüsesorten

Obst/ Gemüse	Kohlenhydrate, Total
Apfel	25g
Bete	8g
Broccoli (90g)	6g
Butternusskürbis (¼)	30g
Kohl (½)	21g
Karotte	7g
Sellerie	14g
Gurke	11g
Radieschen	14g
Yambohne (½)	29g
Birne	27g
Kartoffel (rot)	67g
Kartoffel (weiß)	58g
Süßkartoffel	28g
Sommerkürbis	6g
Zucchini	6g

Wahrscheinlich sind Ihnen in dieser Tabelle die roten und weißen Kartoffeln aufgefallen, die eigentlich nicht zu einer Low-Carb Ernährung passen. Dennoch wollte ich sie an dieser Stelle erwähnen, da sie einfach ideal sind für Menschen, die sich nicht Low-Carb ernähren. In den Rezepten dieses Buches werden Sie weder weiße noch rote Kartoffeln finden (ausgenommen im Kapitel: Klassische Gelüste). In diesen Rezepten können Sie die Kartoffeln aber ganz einfach durch kohlenhydratärmere Lebensmittel ersetzen.

Obst und Gemüsesorten, die einen etwas höheren Gehalt an Kohlenhydraten besitzen, können dennoch Teil einer Low-Carb Ernährung sein. Achten Sie nur darauf, dass Sie Obst und Gemüse mit einem höheren Gehalt durch Speisen, mit einem niedrigeren Gehalt ausgleichen. Dann sollten Sie keine Schwierigkeiten haben, ihre tägliche Kohlenhydratzufuhr einzuhalten.

Besonders geeignet dafür sind: Äpfel, Birnen, Yambohnen, Butternusskürbis und Süßkartoffeln. Alles Zutaten, die Sie auch in den Rezepten dieses Buchs finden werden.

WARNHINWEIS

Bei allem Spaß, den so ein Spiralschneider mit sich bringt, sollten Sie nicht vergessen, dass Sie mit einem Küchengerät arbeiten, dass extrem scharfe Messer beinhaltet. Achten Sie beim Spiralisieren also darauf, dass Ihr Gerät einen festen Stand hat und achten Sie auf Ihre Finger. Sobald Ihr Obst oder Gemüse nur noch sehr klein ist und Sie sich der Klinge immer weiter nähern, sollten Sie die Reste vielleicht lieber mit der Hand und nicht mit der Maschine klein schneiden.

Vorsicht ist natürlich auch geboten, wenn Sie bei Ihrem Handkurbel-Gerät die verschiedenen Messeraufsätze austauschen und reinigen. Obst- oder Gemüsereste, die evtl. in den Klingen hängen bleiben, sollten Sie keinesfalls mit den Fingern herausholen. Nehmen Sie dazu lieber ein kleines Messer oder halten Sie die Messeraufsätze unter fließendes Wasser.

Sanduhr-Modelle haben in der Regel einen Fingerschutz. Nichtsdestotrotz gilt auch hier: Arbeiten Sie vorsichtig und aufmerksam, und achten Sie auf Ihre Finger!

Ich denke, wir haben nun den Punkt erreicht, an dem alles Wichtige, was man theoretisch über den Spiralschneider und das Spiralisieren wissen muss, gesagt wurde. Das bedeutet, Sie können nun loslegen!

Die folgenden Rezepte werden Ihnen hoffentlich den Einstieg erleichtern und Ihnen zeigen, wie abwechslungsreich Gemüsenudeln sein können. Lassen Sie sich nicht aufhalten und bringen Sie etwas Kreativität auf den Teller!

Ich wünsche Ihnen bei der Zubereitung jede Menge Spaß!

REZEPTE

FRÜHSTÜCK

KAROTTEN UND WALNUSS PFANNKUCHEN

Zutaten für 4 Portionen:

2 Karotten, geschält, Enden flach abgeschnitten und zu Spaghetti spiralisiert

100g Mandelmehl

40g Pfeilwurzpulver (Arrowroot)

¼ TL Stevia

1 ½ TL Backpulver

Prise Meersalz

¼ TL gemahlener Ingwer

½ TL gemahlener Zimt

235ml Kokosmilch

2 EL Kokosöl, zerlassen, teilen

1 TL Vanilleextrakt

30g fein gehackte Walnüsse

Zubereitung:

1. Schneiden Sie die Karotten-Nudeln in 1,5cm breite Stücke. Zur Seite stellen.
2. In einer mittelgroßen Schüssel Mandelmehl, Pfeilwurzpulver, Stevia, Backpulver, Salz, Ingwer und Zimt verrühren.
3. In einer kleinen Schüssel Kokosmilch mit einem Löffel Kokosnussöl und dem Vanilleextrakt verrühren.
4. Die flüssigen mit den trockenen Zutaten vermengen und gut verrühren. Walnüsse und Karotten unterheben.
5. Restliches Kokosnussöl in einer beschichteten Pfanne erhitzen.
6. Für einen Pfannkuchen eine Schöpfkelle voll Teig in die heiße Pfanne geben. Von beiden Seiten 3-5 Minuten backen lassen, bis der Pfannkuchen goldbraun ist. Heiß servieren.

Glutenfrei, Paleo, Vegan

KCAL	EW	KH	FETT	ZEIT	GARZEIT	LEVEL
268	25g	11g	5g	10min	10min	mittel

APFELPFANNKUCHEN

HINWEIS: Ein Sanduhr-Spiralschneider könnte hier scheitern.

ALTERNATIVE: Den Apfel einfach schälen und in dünne Streifen schneiden.

Zutaten für 4 Portionen:

1 Apfel, entstielt, entkernt, Enden flach abgeschnitten und zu Bandnudeln spiralisiert.

50ml plus 2 EL Kokosöl, zerlassen, teilen

2 TL gemahlener Zimt

¼ TL gemahlene Muskatnuss

120ml Kokosmilch

3 Eier

¼ TL Stevia

1 TL Vanilleextrakt

2 EL Kokosmehl

¼ TL Backsoda

Prise Salz

Zubereitung:

1. Den Backofen auf 220 Grad Celsius vorheizen.
2. Die Apfel-Bandnudeln der Breite nach durchschneiden, um Apfelstreifen zu erhalten.
3. In einer Backofenpfanne 50ml Kokosöl erhitzen. Das Öl mit Zimt und Muskat besprenkeln, anschließend die Apfelstreifen gleichmäßig in der Pfanne auslegen, sodass der Boden bedeckt ist. Ohne rühren, ca. 5 Minuten backen lassen, bis die Unterseite der Äpfel angebräunt ist.
4. Während die Äpfel in der Pfanne backen, die restlichen 2 EL Kokosöl mit Milch, Eiern, Stevia, Vanilleextrakt, Kokosmehl, Backsoda und Salz in einen Mixer geben. Auf höchster Stufe verrühren, bis alles gut vermischt ist.
5. Den Teig über die Äpfel geben. Die Pfanne vom Herd nehmen und in den Ofen stellen. 10 - 15 Minuten backen, solange, bis der Pfannkuchen aufgeht.
6. In gleichgroße Stücke aufteilen und heiß servieren.

Glutenfrei, Paleo, Vegetarisch

KCAL	EW	KH	FETT	ZEIT	GARZEIT	LEVEL
340	6g	12g	32g	10min	20min	mittel

BUTTERNUSSKÜRBIS-WAFFELN

HINWEIS: Ein Sanduhr-Spiralschneider könnte hier scheitern.

ALTERNATIVE: Die Süßkartoffeln durch 3 geschälte Karotten ersetzen.

Zutaten für 4 Portionen:

¼ mittelgroßer Butternusskürbis, geschält, Enden flach abgeschnitten und zu Spaghetti spiralisiert

100g Mandelmehl

50g Pfeilwurzpulver (Arrowroot)

2 TL Backpulver

1 TL gemahlener Zimt

½ TL Stevia

Prise Salz

2 EL Kokosöl, zerlassen, teilen

300ml Kokosmilch

Zubereitung:

1. Waffeleisen vorheizen.
2. Die Kürbis-Nudeln in 1,5cm breite Streifen schneiden und zur Seite stellen.
3. In einer mittelgroßen Schüssel Mandelmehl, Pfeilwurzpulver, Stevia, Backpulver, Salz und Zimt verrühren.
4. In einer kleinen Schüssel 1EL Kokosnussöl und Milch verrühren.
5. Die flüssigen mit den trockenen Zutaten vermengen und gut verrühren.
6. Die Kürbis-Nudeln unterheben. Waffeleisen mit dem verbliebenen EL Kokosöl einfetten.
7. Eine Portion Teig in das Waffeleisen geben und schließen. Ungefähr 5 Minuten backen, solange bis die Waffel goldbraun ist. Mit dem restlichen Teig wiederholen, ggf. das Waffeleisen mit Kokosöl nachfetten. Sofort servieren.

Glutenfrei, Paleo, Vegan

KCAL	EW	KH	FETT	ZEIT	GARZEIT	LEVEL
290	4g	13g	28g	10min	10min	mittel

SCHWEIZER OMELETT MIT ZUCCHINI UND PILZEN

Zutaten für 4 Portionen:

2 Karotten, geschält, Enden flach abgeschnitten und zu Spaghetti spiralisiert

100g Mandelmehl

40g Pfeilwurzpulver (Arrowroot)

¼ TL Stevia

1½ TL Backpulver

Prise Meersalz

¼ TL gemahlener Ingwer

½ TL gemahlener Zimt

235ml Kokosmilch

2 EL Kokosöl, zerlassen, teilen

1 TL Vanilleextrakt

30g fein gehackte Walnüsse

Zubereitung:

1 In einer Backofenpfanne 2 EL Butter schmelzen lassen.

2 Champignons, Schalotten und Thymian in die Pfanne geben und unter gelegentlichem Rühren ungefähr 5 Minuten köcheln lassen, bis die Pilze angebräunt sind.

3 Die Champignons aus der Pfanne nehmen und beiseite stellen. Den restlichen EL Butter in die Pfanne geben. Die Zucchini-Nudeln zufügen und unter gelegentlichem Rühren weich kochen. Die Pilze wieder in die Pfanne geben.

4 Den Backofen (Grillstufe) vorheizen.

5 In einer großen Schüssel die Eier, Sahne, Salz, Pfeffer und Knoblauchpulver vermengen. Die Masse langsam über die Zucchini und Pilze geben.

6 Ohne umrühren etwa 4 Minuten, bei hoher Hitze in der Pfanne lassen, bis das Ei zu stocken beginnt.

7 Käse darüber streuen und die Pfanne in den Ofen stellen. Für 3-5 Minuten backen, bis der Käse geschmolzen ist und die Oberfläche leicht gebräunt und aufgegangen ist. Sofort servieren.

Glutenfrei, Vegetarisch

KCAL	EW	KH	FETT	ZEIT	GARZEIT	LEVEL
268	25g	11g	5g	10min	10min	mittel

SNACKS UND BEILAGEN

ROHE GURKEN-NUDELN SÜSS-SAUER

Zutaten für 4 Portionen:

2 Gurken, geschält, Enden flach abgeschnitten und zu Spaghetti spiralisiert

4 Schalotten (weiße und grüne Stellen), in dünne Streifen geschnitten

4 EL geröstete Sesamkörner

120ml Olivenöl

2 TL Sesamöl

1 TL Chiliöl

4 EL Reisessig

1 TL geriebene Orangenschale plus 1 EL frisch gepresster Orangensaft

2 Knoblauchzehen, fein gehackt

1 TL geriebener Ingwer, frisch geschält

½ TL Meersalz

½ TL Stevia

Zubereitung:

1 Gurken-Nudeln mit Küchenpapier abtrocknen.

2 In einer großen Schüssel Gurken, Schalotten und Sesamkörner vermischen.

3 In einer kleinen Schüssel Olivenöl, Sesamöl, Chiliöl, Essig, Orangenschale und -saft, Knoblauch, Ingwer, Salz und Stevia verrühren.

4 Gurkensalat und Vinaigrette miteinander vermengen und servieren.

Glutenfrei, Paleo, Vegan

KCAL	EW	KH	FETT	ZEIT	LEVEL
209	2g	14g	17g	10min	leicht

KNOBLAUCH-OLIVENÖL UND KRÄUTER-ZUDELN

Zutaten für 4 Portionen:

6 EL Olivenöl

4 Zucchini, Enden flach abgeschnitten und zu Spaghetti spiralisiert

6 Knoblauchzehen, fein gehackt

Schale einer halben Zitrone

Prise rote Paprikaflocken

1 TL Meersalz

½ TL frisch gemahlener schwarzer Pfeffer

6 EL frische Petersilie, glatt

Zubereitung:

1 In einer großen Sautépfanne das Olivenöl bei hoher Hitze erwärmen.

2 Die Zucchini-Nudeln zufügen und unter gelegentlichem Rühren weich kochen.

3 Knoblauch, Zitronenschale, rote Paprikaflocken, Salz und Pfeffer zufügen und unter gelegentlichem Rühren 30-60 Sekunden köcheln lassen, bis der Knoblauch glasig ist.

4 Pfanne von der heißen Platte nehmen und Petersilie einrühren. Sofort servieren.

Glutenfrei, Paleo, Vegan

KCAL	EW	KH	FETT	ZEIT	LEVEL
221	3g	9g	22g	10min	leicht

SÜSSKARTOFFEL-REIS MIT KRÄUTERN

HINWEIS: Ein Sanduhr-Spiralschneider könnte hier scheitern.

ALTERNATIVE: Die Süßkartoffeln durch 6 geschälte Karotten ersetzen.

Zutaten für 4 Portionen:

2 Süßkartoffel, geschält, Enden flach abgeschnitten und zu Spaghetti spiralisiert

4 EL Olivenöl

1 Zwiebel, fein gehackt

1 TL gemahlener Kreuzkümmel

1 TL gemahlener Zimt

½ TL gemahlener Ingwer

4 Knoblauchzehen, fein gehackt

250ml Gemüsebrühe

Zubereitung:

1. Die Süßkartoffel-Nudeln in den Mixer geben und in 20 Sekunden-Intervallen mixen, bis sie Reiskörnern ähneln. Zur Seite stellen.
2. In einer großen Sautépfanne das Olivenöl bei hoher Hitze erwärmen.
3. Zwiebel, Kümmel, Zimt und Ingwer zugeben und unter gelegentlichem Rühren etwa 5 Minuten anbraten, bis die Zwiebel glasig ist.
4. Knoblauch zugeben und unter gelegentlichem Rühren 30-60 Sekunden anbraten, bis der Knoblauch glasig ist.
5. Süßkartoffel-Reis und Gemüsebrühe einrühren. Unter gelegentlichem Rühren etwa 5 Minuten köcheln lassen, bis die Süßkartoffeln weich sind.

Glutenfrei, Paleo, Vegan

KCAL	EW	KH	FETT	ZEIT	LEVEL
201	3g	17g	15g	10min	mittel

SALATE UND SUPPEN

GURKEN UND ERDBEER SALAT MIT EINER ORANGEN VINAIGRETTE

Zutaten für 4 Portionen:

2 Gurken, geschält, Enden flach abgeschnitten und zu Spaghetti spiralisiert

125g Erdbeeren, entstielt und in Scheiben geschnitten.

300g Junger Spinat

Schale einer halben Orange, plus den Saft von 1 Orange.

1 EL Apfelessig

60ml Olivenöl

½ TL frischer Thymian, gehackt

½ TL Meersalz

¼ TL frisch gemahlener schwarzer Pfeffer

Zubereitung:

1. Gurken-Nudeln mit Küchenpapier abtrocknen und in eine große Schüssel geben. Erdbeeren und Spinat zugeben.
2. In einer kleinen Schüssel Orangenschale und -saft, Apfelessig, Olivenöl, Thymian, Salz und Pfeffer vermengen.
3. Salat entweder mit der Vinaigrette vermengen oder Salat auf einen Teller geben und mit Vinaigrette beträufeln.

Glutenfrei, Paleo, Vegan

KCAL	EW	KH	FETT	ZEIT	LEVEL
171	2g	15g	13g	10min	leicht

MEDITERRANER SALAT MIT EINER OREGANO-BASILIKUM-VINAIGRETTE

Zutaten für 4 Portionen:

2 Gurken, geschält, Enden flach abgeschnitten und zu Spaghetti spiralisiert

100g Kirschtomaten, halbiert

100g Kalamata-Oliven entkernt und halbiert

½ rote Zwiebel, in dünne Streifen geschnitten.

50g Feta, zerkrümelt

100ml Olivenöl

Schale einer halben Zitrone, plus den Saft von 1 Zitrone

3 EL Rotweinessig

2 Knoblauchzehen, fein gehackt

1 EL frischer Basilikum, gehackt

1 EL frischer Oregano, gehackt

½ TL Meersalz

¼ TL frisch gemahlener schwarzer Pfeffer

Zubereitung:

1 Zucchini mit Küchenpapier abtrocknen und in eine große Schüssel geben. Kirschtomaten, Oliven, rote Zwiebel und Feta zugeben.

2 In einer kleinen Schüssel Orangenschale und -saft, Rotweinessig, Olivenöl, Knoblauch, Basilikum, Oregano, Salz und Pfeffer vermengen.

3 Salat entweder mit der Vinaigrette vermengen oder Salat auf einen Teller geben und mit Vinaigrette beträufeln.

Glutenfrei, Paleo, Vegetarisch

KCAL	EW	KH	FETT	ZEIT	LEVEL
351	33g	13g	5g	10min	leicht

APFEL, BIRNE UND SPINAT SALAT

HINWEIS: Ein Sanduhr-Spiralschneider könnte hier scheitern.

ALTERNATIVE: Apfel und Birne mit einem Gemüseschäler in dünne Streifen schneiden.

Zutaten für 4 Portionen:

1 Apfel, entstielt, entkernt, Enden flach abgeschnitten und zu Spaghetti spiralisiert.

1 Birne, entstielt, entkernt, Enden flach abgeschnitten und zu Spaghetti spiralisiert.

½ mittelgroße Yambohne, geschält, Enden flach abgeschnitten und zu Spaghetti spiralisiert

400g Junger Spinat

2 EL Balsamicoessig

Schale einer halben Orange, plus 1 EL frisch gepresster Orangensaft

50ml Olivenöl

½ TL geriebener Ingwer, frisch geschält

½ TL Meersalz

¼ TL frisch gemahlener schwarzer Pfeffer

Zubereitung:

1. In einer großen Schüssel Apfel, Birne, Yambohne-Nudeln und Spinat vermengen.
2. In einer kleinen Schüssel Orangenschale und -saft, Balsamicoessig, Olivenöl, Ingwer, Salz und Pfeffer vermengen.
3. Salat entweder mit der Vinaigrette vermengen oder Salat auf einen Teller geben und mit Vinaigrette beträufeln.

Glutenfrei, Paleo, Vegan

KCAL	EW	KH	FETT	ZEIT	LEVEL
250	2g	27g	16g	10min	leicht

THAI RINDER-ZUDELSUPPE

TIPP: Wer es vegan mag, kann das Rindfleisch einfach durch 225g gewürfelten Tofu ersetzen und die Rindfleisch- durch Gemüsebrühe ersetzen. Die Fischsoße einfach weglassen.

Zutaten für 4 Portionen:

2 EL Kokosöl

450g Flanksteak, in vier Teile geschnitten

4 Schalotten (weiße und grüne Stellen), in dünne Streifen geschnitten

2 Selleriestangen, in dünne Streifen geschnitten

1 Karotte, geschält und in dünne Streifen geschnitten

6 Knoblauchzehen, fein gehackt

1,5l Fleischbrühe oder Rinderfond

1 EL Fischsoße

½ TL gemahlener Zimt

½ TL frisch gemahlener schwarzer Pfeffer

½ TL Sriracha-Soße

3 Zucchini, Enden flach abgeschnitten und zu Spaghetti spiralisiert

EL frischer Koriander, gehackt

Zubereitung:

1 In einer großen Pfanne das Kokosöl bei hoher Hitze erwärmen. Flanksteaks unter gelegentlichem Wenden, ca. 6 Minuten anbraten. Steaks aus der Pfanne nehmen, auf einen Teller geben und beiseite stellen.

2 Schalotten, Sellerie und Karotten in die Pfanne geben und unter gelegentlichem Umrühren etwa 5 Minuten köcheln lassen, bis das Gemüse weich ist.

3 Knoblauch zugeben und unter gelegentlichem Rühren 30-60 Sekunden anbraten, bis der Knoblauch glasig ist. Fleischbrühe, Fischsoße, Zimt, Pfeffer und Sriracha zufügen. Suppe aufkochen.

4 Die Zucchini-Nudeln zufügen. Ungefähr 5 Minuten kochen, bis die Nudeln al dente sind. Das Fleisch wieder zugeben und 1 Minute kochen lassen. Den Koriander unterrühren und sofort servieren.

Glutenfrei, Paleo

KCAL	EW	KH	FETT	ZEIT	GARZEIT	LEVEL
350	39g	10g	17g	15min	20min	mittel

HÜHNCHEN-ZUDELSUPPE

Zutaten für 4 Portionen:

4 EL Olivenöl, geteilt

350g Hähnchenbrust ohne Haut, gewürfelt in 1cm breite Stücke

1 Zwiebel, fein gehackt

1 Selleriestange, gehackt

1 Karotte, geschält und in dünne Streifen geschnitten

2 Knoblauchzehen, fein gehackt

1,5l Hühnerbrühe oder -fond

1 TL getrockneter Thymian

¼ TL Meersalz

¼ TL frisch gemahlener schwarzer Pfeffer

2 Zucchini, Enden flach abgeschnitten und zu Spaghetti spiralisiert

Zubereitung:

1. In einer großen Pfanne 2 EL Olivenöl bei hoher Hitze erwärmen.
2. Hühnchen unter gelegentlichem Wenden, ca. 7 Minuten anbraten. Hühnchen aus der Pfanne nehmen, einen Teller geben und beiseite stellen.
3. In der gleichen Pfanne die übrigen 2 EL Olivenöl bei hoher Hitze erwärmen.
4. Zwiebel, Sellerie und Karotten in die Pfanne geben und unter gelegentlichem Umrühren etwa 5 - 7 Minuten köcheln lassen, bis das Gemüse weich ist.
5. Knoblauch zugeben und unter gelegentlichem Rühren 30-60 Sekunden anbraten, bis der Knoblauch glasig ist.
6. Hühnerbrühe zufügen und Ansatz vom Boden mit einem Löffel lösen. Getrockneten Thymian, Salz und Pfeffer zugeben. Suppe aufkochen. Zucchini-Nudeln zugeben und ca. 5 Minuten kochen, bis die Nudeln al dente sind.

Glutenfrei, Paleo

KCAL	EW	KH	FETT	ZEIT	GARZEIT	LEVEL
376	34g	10g	23g	10min	20min	mittel

FISCH UND FLEISCH

BEEF STROGANOFF MIT SOMMERKÜRBIS-NUDELN

TIPP: Sie können die getrockneten Pilze auch über Nacht in der Brühe ziehen lassen. Dann sind die Pilze fertig, wenn Sie das Rezept am nächsten Tag kochen möchten.

Zutaten für 4 Portionen:

Für die Nudeln:

3 EL Butter

6 gelbe Kürbisse, Enden flach abgeschnitten und zu Bandnudeln spiralisiert.

Für das Stroganoff:

85g getrocknete Steinpilze

470ml Fleischbrühe oder Rinderfond

450g Rinderhack

2 EL Butter

1 Zwiebel, fein gehackt

230g Zucht-Champignons, geviertelt

3 Knoblauchzehen, fein gehackt

120ml trockener Weißwein

1 TL getrockneter Thymian

½ TL Meersalz

¼ TL frisch gemahlener schwarzer Pfeffer

Zubereitung:

Die Nudeln:

In einer großen Sautépfanne die Butter bei hoher Hitze zerlassen. Nudeln zugeben und ca. 5 Minuten kochen, bis die Nudeln al dente sind.

Das Stroganoff:

1. Vor dem Kochen die Steinpilze 3 Stunden in der Fleischbrühe ziehen lassen.
2. Pilze aus der Brühe nehmen und zerkleinern. Pilze und Brühe beiseite stellen.
3. In einer großen Sautépfanne das Rinderhack etwa 5 Minuten anbraten, bis es bröselig wird. Rinderhack aus der Pfanne nehmen und beiseite stellen.
4. Butter in der Pfanne zerlassen. Zwiebel, Zucht-Champignons und Steinpilze in die Pfanne geben und unter gelegentlichem Rühren etwa 7 Minuten anbraten, bis die Pilze angebräunt sind.

60g Pfeilwurzpulver (Arrowroot)

2 EL Worcestershiresauce

60g Saure Sahne

30g frische Petersilie, gehackt

5 Knoblauch zugeben und unter gelegentlichem Rühren 30-60 Sekunden anbraten, bis der Knoblauch glasig ist.

6 Weißwein zugeben und Angesetztes mit einem Löffel vom Boden lösen.

7 Das Rinderhack wieder in die Pfanne geben. Salz, Pfeffer und Thymian zugeben.

8 In einer kleinen Schüssel 120ml der Brühe und das Pfeilwurzelpulver vermengen. Zur Seite stellen.

9 Die restliche Brühe und die Worcestershiresauce in die Pfanne geben. Den Pfeilwurzel-Brühe-Mix einrühren. Unter gelegentlichem Rühren etwa 2 Minuten köcheln lassen, bis die Flüssigkeit etwas eindickt.

10 Saure Sahne und Petersilie einrühren. Unter Rühren etwa 2 -3 Minuten erhitzen.

11 Auf die Nudeln geben und servieren.

Glutenfrei

KCAL	EW	KH	FETT	ZEIT	GARZEIT	LEVEL
606	49g	27g	26g	10 Minuten, plus 3 Stunden Ziehzeit	30min	schwer

ORANGEN-RINDFLEISCH AUF GEBRATENEM SÜSSKARTOFFEL-REIS

HINWEIS: Ein Sanduhr-Spiralschneider könnte hier scheitern.

ALTERNATIV: Die Kartoffel mit einem Gemüseschäler oder einem scharfen Messer in dünne Scheiben schneiden.

Zutaten für 4 Portionen:

2 Süßkartoffeln, geschält, Enden flach abgeschnitten und zu Spaghetti spiralisiert

3 EL Kokosöl

450g Flanksteak, in 1,5cm breite Streifen geschnitten

5 Schalotten (weiße und grüne Stellen), in dünne Streifen geschnitten

300g Broccoliröschen

115g Shiitake-Pilze, in Streifen geschnitten

2 Knoblauchzehen, fein gehackt

Schale 1 Orange, plus 120ml frisch gepresster Orangensaft

½ TL Chiliöl

2 EL glutenfreie Sojasoße

2 EL Pfeilwurzpulver (Arrowroot)

Zubereitung:

1 Die Süßkartoffel-Nudeln in den Mixer geben und in 20 Sekunden-Intervallen mixen, bis sie Reiskörnern ähneln.

2 In einer großen Pfanne das Kokosöl bei hoher Hitze erwärmen.

3 Flanksteaks unter gelegentlichem Wenden, ca. 5 Minuten anbraten. Steaks aus der Pfanne nehmen, auf einen Teller geben und beiseite stellen.

4 Schalotten, Broccoli und die Pilze in die Pfanne geben. Unter gelegentlichem Umrühren etwa 5 Minuten köcheln lassen, bis das Gemüse weich ist.

5 Süßkartoffel-Reis zugeben und 4 Minuten unter ständigem Rühren kochen lassen.

6 Knoblauch zugeben und unter gelegentlichem Rühren 30-60 Sekunden anbraten, bis der Knoblauch glasig ist.

7 In einer kleinen Schüssel Orangenschale und -saft, Chiliöl, Sojasoße und Pfeilwurzelpulver vermengen. Mix in die Pfanne geben.

8 Unter ständigem Rühren etwa 3 - 4 Minuten kochen, bis der Reis al dente ist.

9 Das Steak wieder in die Pfanne geben. Für 1 - 2 Minuten erhitzen.

Glutenfrei, Paleo

KCAL	EW	KH	FETT	ZEIT	GARZEIT	LEVEL
389	35g	17g	21g	10min	20min	schwer

THAI HEILBUTT MIT KOKOS-CURRY UND GURKEN-NUDELN

Zutaten für 4 Portionen:

Für die Nudeln:

4 Zucchini, Enden flach abgeschnitten und zu Fettuccine spiralisiert

Salz

2 EL Olivenöl

Für die Soße:

2 EL Butter

2 EL fein gehackte Schalotten

350g Zucht-Champignons, kleingeschnitten

2 Knoblauchzehen, fein gehackt

60ml trockener Weißwein

235ml Gemüsebrühe

1 TL frischer Thymian, gehackt

½ TL Meersalz

¼ TL frisch gemahlener schwarzer Pfeffer

Prise rote Paprikaflocken

120ml Schlagsahne

Zubereitung:

Die Nudeln:

1 In einer großen Sautépfanne das Olivenöl bei hoher Hitze erwärmen.

2 Gurken-Nudeln zugeben und ca. 5 Minuten kochen, bis die Nudeln al dente sind.

Die Brühe und der Fisch:

1 In einem großen Topf das Olivenöl bei hoher Hitze erwärmen.

2 Zwiebel und Currypulver zugeben und unter gelegentlichem Rühren etwa 5 Minuten anbraten, bis die Zwiebel weich ist.

3 Hühnchen, Brühe, Kokosmilch und Salz zugeben. Aufkochen lassen.

4 Den Heilbutt zugeben und mit Soße bedecken. Heilbutt im geschlossenen Topf etwa 6 Minuten köcheln lassen, bis der Fisch flockig ist.

5 Heilbutt aus der Soße nehmen, auf einen Teller legen und beiseite stellen. Zum Warmhalten mit Alufolie zudecken.

6 Koriander und Limettensaft unterrühren.

2 EL frische, glatte Petersilie, gehackt

7 Die Gurken-Nudeln auf vier Teller verteilen. Soße darüber geben und Heilbutt darauf anrichten.

Glutenfrei, Paleo

KCAL	EW	KH	FETT	ZEIT	GARZEIT	LEVEL
414	30g	20g	26g	10min	20min	mittel

LACHS MIT ZITRONEN-DILL ZUCCHINI-NUDELN

Zutaten für 4 Portionen:

Für den Lachs:

4 Lachsfilets á 150g

½ TL Meersalz

¼ TL frisch gemahlener schwarzer Pfeffer

2 EL Olivenöl

Für die Nudeln:

3 EL Olivenöl

6 Zucchini, Enden flach abgeschnitten und zu Spaghetti spiralisiert

Schale und Saft 1 Zitrone

½ TL Meersalz

¼ TL frisch gemahlener schwarzer Pfeffer

1 TL frischer Dill, gehackt

Zubereitung:

Der Lachs:

Lachsfilets mit Salz und Pfeffer würzen. In einer großen Sautépfanne das Olivenöl bei hoher Hitze erwärmen. Lachs mit der Haut nach unten, hineingeben. Etwa 3 Minuten anbraten; dabei darauf achten, dass der Fisch nicht an der Pfanne haften bleibt. Hitze verringern und die Pfanne abdecken. Den Lachs weitere 3 - 5 Minuten braten, bis das Fleisch opak (Opak meint hier, wenn die Poren geschlossen sind und kein Eiweiß mehr aus dem Fisch gerinnt) ist.

Die Nudeln:

In einer großen Sautépfanne das Olivenöl bei hoher Hitze erwärmen. Die Zucchini zugeben und etwa 3 Minuten, unter gelegentlichem Rühren, kochen. Zitronensaft und -schale, sowie Salz und Pfeffer zugeben. Unter ständigem Rühren etwa 3 Minuten kochen, bis die Nudeln al dente sind. Dill unterrühren. Lachsfilets auf den Nudeln anrichten und servieren.

Glutenfrei, Paleo

KCAL	EW	KH	FETT	ZEIT	GARZEIT	LEVEL
268	25g	11g	5g	10min	10min	mittel

GERÄUCHERTER LACHS MIT KAROTTEN-SPAGHETTI

Zutaten für 4 Portionen:

3 EL Kokosöl

4 Schalotten (weiße und grüne Stellen), fein gehackt

1 rote Paprikaschote, entkernt und fein gehackt

4 Knoblauchzehen, fein gehackt

Schale und Saft von 1 Orange

2 EL glutenfreie Sojasoße

½ TL Stevia

½ TL Sriracha-Soße

8 Karotten, geschält, Enden flach abgeschnitten und zu Spaghetti spiralisiert

350g geräucherter Lachs, zerkleinert

Zubereitung:

1 In einer großen Pfanne das Kokosöl bei hoher Hitze erwärmen.

2 Schalotten und Paprika in die Pfanne geben und unter gelegentlichem Umrühren etwa 5 Minuten köcheln lassen, bis das Gemüse weich ist.

3 Knoblauch zugeben und unter gelegentlichem Rühren 30-60 Sekunden anbraten, bis der Knoblauch glasig ist.

4 Orangensaft und -schale, Sojasoße, Stevia Sriracha und Karotten-Spaghetti zugeben. Unter gelegentlichem Rühren etwa 5 Minuten kochen, bis die Nudeln al dente sind.

5 Lachs unterrühren und gut erhitzen lassen (nicht kochen).

Glutenfrei, Paleo

KCAL	EW	KH	FETT	ZEIT	GARZEIT	LEVEL
269	18g	19g	14g	10min	20min	mittel

VEGAN UND VEGETARISCH

ZITRONEN-BASILIKUM KAROTTEN-RISOTTO

Zutaten für 4 Portionen:

8 große Karotten, geschält, Enden flach abgeschnitten und zu Spaghetti spiralisiert

3 EL Olivenöl

1 Zwiebel, fein gehackt

2 Knoblauchzehen, fein gehackt

Schale und Saft 1 Zitrone

60ml Gemüsebrühe

60ml Mandelmilch

½ TL Meersalz

¼ TL frisch gemahlener schwarzer Pfeffer

50g Basilikumblätter, in Chiffonade geschnitten

Zubereitung:

1 Die Karotten-Nudeln in den Mixer geben und in 20 Sekunden-Intervallen mixen, bis sie Reiskörnern ähneln. Zur Seite stellen.

2 In einer großen Sautépfanne das Olivenöl bei hoher Hitze erwärmen.

3 Zwiebel zugeben und unter gelegentlichem Rühren etwa 5 Minuten anbraten, bis die Zwiebel weich ist.

4 Knoblauch zugeben und unter gelegentlichem Rühren 30-60 Sekunden anbraten, bis der Knoblauch glasig ist.

5 Zitronensaft und -schale, Brühe, Mandelmilch, Salz, Pfeffer und Karotten-Reis zugeben. Unter gelegentlichem Rühren etwa 5 Minuten kochen, bis der Reis al dente ist.

6 Basilikum unterrühren und sofort servieren.

Glutenfrei, Paleo, Vegan

KCAL	EW	KH	FETT	ZEIT	GARZEIT	LEVEL
203	2g	19g	14g	10min	10min	leicht

GERÖSTETE SÜSSKARTOFFEL-PASTA MIT GRÜNKOHL UND WALNUSS-PESTO

HINWEIS: Ein Sanduhr-Spiralschneider könnte hier scheitern.

ALTERNATIV: Die Kartoffel mit einem Gemüseschäler oder einem scharfen Messer in dünne Scheiben schneiden.

Zutaten für 4 Portionen:

Für die Süßkartoffel-Pasta:

2 Süßkartoffeln, geschält, Enden flach abgeschnitten und zu Spaghetti spiralisiert

2 EL Olivenöl

½ TL Meersalz

Für das Pesto:

1 Bund Grünkohl, Stiel entfernt

2 Knoblauchzehen, fein gehackt

Schale und Saft einer halben Orange

¼ TL rote Paprikaflocken, gemahlen

25g Walnüsse

50g geriebener Parmesankäse

60ml Olivenöl

½ TL Meersalz

¼ TL frisch gemahlener schwarzer Pfeffer

Zubereitung:

Die Süßkartoffel-Pasta:

Den Backofen auf 200 Grad Celsius vorheizen. In einer großen Schüssel die Kartoffeln mit Olivenöl und Salz vermengen. Auf einem oder zwei Backbleche verteilen. Ungefähr 12 - 15 Minuten backen, bis die Kartoffeln al dente sind.

Das Pesto:

Grünkohl, Knoblauch, Orangenschale und -saft, rote Paprikaflocken, Walnüsse, Käse, Olivenöl, Salz und Pfeffer in einen Mixer geben. Glatt rühren. In einer Schüssel die Nudeln mit dem Pesto verrühren.

Glutenfrei, Paleo, Vegetarisch

KCAL	EW	KH	FETT	ZEIT	GARZEIT	LEVEL
199	7g	30g	7g	10min	20min	mittel

ZUCCHINI-NUDELN MIT CREMIGER PILZSOSSE

Zutaten für 4 Portionen:

Für die Nudeln:

4 Zucchini, Enden flach abgeschnitten und zu Fettuccine spiralisiert

Salz

2 EL Olivenöl

Für die Soße:

2 EL Butter

2 EL fein gehackte Schalotten

350g Zucht-Champignons, kleingeschnitten

2 Knoblauchzehen, fein gehackt

60ml trockener Weißwein

235ml Gemüsebrühe

1 TL frischer Thymian, gehackt

½ TL Meersalz

¼ TL frisch gemahlener schwarzer Pfeffer

Prise rote Paprikaflocken

120ml Schlagsahne

2 EL frische, glatte Petersilie, gehackt

Zubereitung:

Die Nudeln:

Zucchini-Nudeln in ein Sieb geben, mit 1EL Salz bestreuen und über der Spüle etwa 30 Minuten abtropfen lassen. Die Zucchini-Nudeln abwaschen, aus dem Sieb nehmen und mit Küchenpapier trocken tupfen. In einer großen Sautépfanne das Olivenöl bei hoher Hitze erwärmen. Zucchini-Nudeln zugeben und ca. 5 Minuten kochen, bis die Nudeln al dente sind.

Die Soße:

In einer großen Sautépfanne die Butter bei hoher Hitze zerlassen. Zwiebeln und Zucht-Champignons in die Pfanne geben und unter gelegentlichem Rühren etwa 7 Minuten anbraten, bis die Pilze angebräunt sind. Knoblauch zugeben und unter gelegentlichem Rühren 30-60 Sekunden anbraten, bis der Knoblauch glasig ist. Wein unterrühren und 2 Minuten kochen lassen. Gemüsebrühe, Thymian, Salz, Pfeffer und rote Paprikaflocken zugeben. 5 Minuten köcheln lassen. Sahne einrühren und 1 - 2 Minuten unter ständigem Rühren gut erhitzen. Petersilie unterrühren. Mit den Nudeln vermengen und servieren.

Glutenfrei, Vegetarisch

KCAL	EW	KH	FETT	ZEIT	GARZEIT	LEVEL
246	6g	13g	19g	15min	15min	mittel

SÜSSKARTOFFEL - FETTUCCINE MIT BROCCOLINI UND GERÖSTETEM KNOBLAUCH

Zutaten für 4 Portionen:

55g ungesalzene Butter, sowie zusätzlich 50g ungesalzene Butter zum Einfetten

3 Süßkartoffeln, geschält, Enden flach abgeschnitten und zu Fettuccine spiralisiert

1 Zwiebel, fein gehackt

300g Broccolini

8 geröstete Knoblauchzehen, kleingeschnitten

¼ TL rote Paprikaflocken, gemahlen

230g Frischkäse

60ml Schlagsahne

50g geriebener Parmesankäse

½ TL Meersalz

¼ TL frisch gemahlener schwarzer Pfeffer

Zubereitung:

1 Den Backofen auf 200 Grad Celsius vorheizen. In einer Backofenpfanne 25g Butter schmelzen lassen. In einer großen Schüssel die Süßkartoffel-Nudeln mit der Butter verrühren. Auf einem oder zwei Backbleche verteilen und ungefähr 17 Minuten backen, bis die Kartoffeln al dente sind. In einer großen Sautépfanne 25g Butter bei hoher Hitze zerlassen.

2 Zwiebel und Broccolini zugeben und unter gelegentlichem Rühren etwa 7 Minuten anbraten, bis die Broccolini weich sind. Knoblauch und rote Paprikaflocken zufügen und ständigen Rühren, 1 Minuten kochen.

3 Während die Broccolini und die Kartoffel-Nudeln kochen, in einer großen Pfanne die restlichen 55g Butter, Frischkäse, Sahne, Parmesan, Salz und Pfeffer bei mittlerer Hitze vermengen. Unter ständigem Rühren etwa 4 Minuten köcheln lassen, bis die Käse geschmolzen sind. In einer großen Schüssel die Nudeln mit der Soße und den Broccolini vermengen.

Glutenfrei, Vegetarisch

KCAL	EW	KH	FETT	ZEIT	GARZEIT	LEVEL
636	13g	43g	47g	15min	30min	mittel

GURKEN-NUDELN MIT KNOBLAUCH, ZITRONE, CASHEWS UND KÜMMEL

TIPP: Dieses Gericht eignet sich auch als Rohkost-Variante, da die Nudeln nicht unbedingt gekocht werden müssen.

Zutaten für 4 Portionen:

4 Gurken, geschält, Enden flach abgeschnitten und zu Spaghetti spiralisiert

2 EL Olivenöl

1 Zwiebel, fein gehackt

1 rote Paprikaschote, entkernt und fein gehackt

3 Knoblauchzehen, fein gehackt

Schale einer halben Zitrone, plus den Saft von 2 Zitronen

235ml Gemüsebrühe

1 TL gemahlener Kreuzkümmel

½ TL Meersalz

¼ TL frisch gemahlener schwarzer Pfeffer

30g gehackte Cashewkerne

Zubereitung:

1. Gurken-Nudeln mit Küchenpapier abtrocknen.
2. In einer großen Sautépfanne das Olivenöl bei hoher Hitze erwärmen.
3. Zwiebel und Paprika zugeben und unter gelegentlichem Rühren etwa 5 Minuten anbraten, bis die Zwiebel weich ist.
4. Knoblauch zugeben und unter gelegentlichem Rühren 30-60 Sekunden anbraten, bis der Knoblauch glasig ist.
5. Zitronensaft und -schale, sowie Brühe, Kümmel, Salz und Pfeffer zugeben. Aufkochen lassen.
6. Die Zucchini-Nudeln zufügen und unter gelegentlichem Rühren weich kochen. Mit den Cashews vermengen und servieren.

Glutenfrei, Vegan

KCAL	EW	KH	FETT	ZEIT	GARZEIT	LEVEL
193	5g	20g	12g	10min	20min	mittel

KLASSIKER

PIZZA PASTA FÜR FLEISCHLIEBHABER

TIPP: Wer es vegetarisch mag, kann bei diesem Rezept einfach das Fleisch weglassen.

Mögliche Fleischalternativen: angebratene Paprikaschoten (rot und grün), Pilze.

Zutaten für 4 Portionen :

Für die Pasta:

4 Zucchini, Enden flach abgeschnitten und zu Fettuccine spiralisiert

Meersalz

Für die Marinade:

2 EL Olivenöl

1 Schalotte, fein gehackt

4 Knoblauchzehen, fein gehackt

2 Dosen Tomaten, gewürfelt, nicht abgetropft

1 TL getrockneter Basilikum

1 TL getrockneter Oregano

⅛ TL rote Paprikaflocken, gemahlen

½ TL Meersalz

¼ TL frisch gemahlener schwarzer Pfeffer

Für die Pizza Pasta:

110g Salsicciia (ital. Bratwurst), zerbröselt und angebraten

Zubereitung:

Die Pasta:

1 Zucchini-Nudeln in ein Sieb geben, mit 1EL Salz bestreuen und über der Spüle etwa 30 Minuten abtropfen lassen.

2 Die Zucchini-Nudeln abwaschen, aus dem Sieb nehmen und mit Küchenpapier trocken tupfen.

Die Marinade:

1 In einer großen Sautépfanne das Olivenöl bei hoher Hitze erwärmen.

2 Schalotten zugeben und unter gelegentlichem Rühren etwa 4 Minuten anbraten, bis die Zwiebel weich ist.

3 Knoblauch zugeben und unter gelegentlichem Rühren 30-60 Sekunden anbraten, bis der Knoblauch glasig ist.

4 Tomaten, Basilikum, Oregano, rote Paprikaflocken, Salz und Pfeffer zugeben. Bei mittlerer Hitze ungefähr 5 Minuten köcheln lassen, bis die Soße eingedickt ist.

110g magerer Speck, in Streifen geschnitten

110g Peperoni, in Streifen geschnitten

110g ital. Salami, in Streifen geschnitten

170g Mozzarella, gerieben

60g Parmesan, gerieben

Die Pizza Pasta:

1 Den Backofen auf 190 Grad Celsius vorheizen.

2 In einer großen Schüssel die Zucchini-Nudeln mit Marinade, Salsicciia, Canadian Bacon, Peperoni und Salami vermengen.

3 Die Masse auf ein, mit Backpapier ausgelegtes Backblech geben.

4 Mozzarella und Parmesan darüber streuen.

5 Für ungefähr 20 Minuten in den Ofen geben, bis der Käse Blasen bildet.

Glutenfrei

KCAL	EW	KH	FETT	ZEIT	GARZEIT	LEVEL
744	48g	29g	50g	10min	30min	schwer

SPAGHETTI MIT FLEISCHBÄLLCHEN

Zutaten für 4 Portionen:

Für die Pasta:

4 Zucchini, Enden flach abgeschnitten und zu Fettuccine spiralisiert

Meersalz

3 EL Olivenöl

Für die Fleischbällchen:

500g Hackfleisch, halb und halb

65g Mandelmehl

3 Knoblauchzehen, fein gehackt

2 EL fein gehackte Schalotten

1 Ei, geschlagen

1 EL italienische Kräuter

Für die Marinade:

2 EL Olivenöl

1 Schalotte, fein gehackt

4 Knoblauchzehen, fein gehackt

2 Dosen Tomaten, gewürfelt, nicht abgetropft

1 TL getrockneter Basilikum

1 TL getrockneter Oregano

Zubereitung:

Die Pasta:

1 Zucchini-Nudeln in ein Sieb geben, mit 1EL Salz bestreuen und über der Spüle etwa 30 Minuten abtropfen lassen.

2 Die Zucchini-Nudeln abwaschen, aus dem Sieb nehmen und mit Küchenpapier trocken tupfen.

3 In einer großen Sautépfanne das Olivenöl bei hoher Hitze erwärmen.

4 Die Zucchini-Nudeln zufügen und unter gelegentlichem Rühren weich kochen.

Die Fleischbällchen:

1 Den Backofen auf 200 Grad Celsius vorheizen.

2 Ein Backblech mit Backpapier auslegen.

3 In einer großen Schüssel die Zutaten für die Fleischbällchen miteinander vermengen.

4 Das Fleisch zu Bällchen formen. Auf das vorgeheizte Backblech geben. Ungefähr 20 - 25 Minuten backen, bis die Fleischbällchen gar sind.

⅛ TL rote Paprikaflocken, gemahlen

½ TL Meersalz

¼ TL frisch gemahlener schwarzer Pfeffer

Die Marinade:

1. In einer großen Sautépfanne das Olivenöl bei hoher Hitze erwärmen.
2. Schalotte zugeben und unter gelegentlichem Rühren etwa 4 Minuten anbraten, bis die Zwiebel weich ist.
3. Knoblauch zugeben und unter gelegentlichem Rühren 30-60 Sekunden anbraten, bis der Knoblauch glasig ist.
4. Tomaten, Basilikum, Oregano, rote Paprikaflocken, Salz und Pfeffer zugeben. Bei mittlerer Hitze ungefähr 5 Minuten köcheln lassen, bis die Soße eingedickt ist.
5. Die Soße über die Nudeln geben und die Fleischbällchen darauf anrichten.

Glutenfrei, Paleo

KCAL	EW	KH	FETT	ZEIT	GARZEIT	LEVEL
558	44g	29g	32g	10min	40min	schwer

BACON CHEESEBURGER AUF EINEM FRITIERTEN KARTOFFEL-BUN

TIPP: Die Süßkartoffeln können auch durch Karotten ersetzt werden.

HINWEIS: Ein Sanduhr-Spiralschneider könnte hier scheitern.

ALTERNATIVE: Die Süßkartoffel mit einem Gemüseschäler in dünne Streifen schneiden.

Zutaten für 4 Portionen:

Für das Bun:

2 Süßkartoffeln, geschält, Enden flach abgeschnitten und zu Spaghetti spiralisiert

3 Schalotten (weiße und grüne Stellen), fein gehackt

30g Mandelmehl

25g Asiago Käse, gerieben

3 Eier, geschlagen

1 TL Knoblauchpulver

1 TL Dijon Senf

½ TL Meersalz

¼ TL frisch gemahlener schwarzer Pfeffer

3 EL Olivenöl

Für die karamellisierten Zwiebeln:

Zubereitung:

Das Bun:

1 In einer Schüssel Kartoffel-Nudeln, Zwiebeln, Mandelmehl, Käse, Eier, Knoblauchpulver, Senf, Salz und Pfeffer vermengen. Gut vermischen.

2 In einer beschichteten Pfanne das Öl erhitzen. Die Kartoffelmasse zu 4 Patties formen und in das heiße Öl legen.

3 Während die Patties in der Pfanne liegen, mit einem Pfannenwender etwas Druck auf dic Patties ausüben, um die fache Form zu erhalten.Von jeder Seite ungefähr 5 Minuten braten, bis sie gar sind. Die frittierten Patties etwas abkühlen lassen.

Die karamellisierten Zwiebeln:

1 In einer beschichteten Pfanne das Öl erhitzen.Zwiebel, Salz und Thymian in die Pfanne geben.

2 Unter gelegentlichem Rühren etwa 20 Minuten köcheln lassen, bis die Zwiebel braun und karamellisiert ist.

3 EL natives Olivenöl

1 Zwiebel, in dünne Streifen geschnitten

½ TL Meersalz

½ TL getrockneter Thymian

Für die Burger:

450g Rinderhack

1 TL Fischsoße

3 Knoblauchzehen, fein gehackt

½ TL Meersalz

¼ TL frisch gemahlener schwarzer Pfeffer

¼ TL Stevia

110g Blauschimmelkäse, zerbröselt

4 EL Aioli

2 EL Dijon Senf

4 Scheiben gekochter Schinken, halbiert

Die Burger:

1. Den Backofen auf 200 Grad Celsius vorheizen.
2. Eine Grillrost auf ein Backblech stellen.
3. In einer großen Schüssel Rinderhack, Fischsoße, Knoblauch, Salz, Pfeffer und Stevia vermengen. Gut miteinander verrühren.
4. Die Masse zu 4 Patties formen und auf das Grillrost legen.
5. Ungefähr 20 Minuten backen, bis das Gehacktes eine Innentemperatur von 60 Grad Celsius erreicht.
6. Den Ofen ausschalten, die Burger aber noch nicht herausholen. Den Blauschimmelkäse über die Burger streuen. Den Ofen wieder schließen und die Burger weitere 3 - 4 Minuten backen, bis der Käse geschmolzen ist.

Die Burger zusammenfügen:

1. In einer kleinen Schüssel Aioli und Senf vermengen. Jedes Bun damit bestreichen.
2. Ein Pattie auf das Bun legen, Schinken und Zwiebel darauf geben. Servieren.

Glutenfrei

KCAL	EW	KH	FETT	ZEIT	GARZEIT	LEVEL
947	61g	24g	57g	20min	40min	schwer

KAROTTEN-MACCARONI MIT KÄSE

Zutaten für 4 Portionen:

6 Karotten, geschält, Enden flach abgeschnitten und zu Fettuccine spiralisiert

2 EL Olivenöl

55g Butter

120ml Schlagsahne

230g Frischkäse

85g milder Cheddar Käse, gerieben

85g würziger Cheddar Käse, gerieben

½ TL Meersalz

¼ TL frisch gemahlener schwarzer Pfeffer

Zubereitung:

1. Karotten in Makkaroni-Form schneiden.
2. In einer großen Sautépfanne das Olivenöl bei hoher Hitze erwärmen.
3. Karotten-Makkaroni zugeben und ca. 5 Minuten kochen, bis die Nudeln al dente sind.
4. In einer Pfanne die Butter zerlassen. Sahne, und Frischkäse zugeben und unter ständigem Rühren bei mittlerer Hitze, den Käse zum Schmelzen bringen.
5. Cheddar Käse unterrühren. Unter ständigem Rühren köcheln lassen, bis der Käse geschmolzen ist und eine glatte Soße entstanden ist.
6. Salz, Pfeffer und Karotten-Makkaroni einrühren. Gut durchrühren und noch einmal erhitzen, bis die Nudeln gar sind.

Glutenfrei, Vegetarisch

KCAL	EW	KH	FETT	ZEIT	GARZEIT	LEVEL
621	16g	12g	58g	10min	10min	leicht

RADIESCHEN-SHRIMPS GEBRATENER REIS

TIPP: Wer es vegan mag: Einfach die Shrimps durch 120g gewürfelten Tofu ersetzen und die Eier weglassen.

Zutaten für 4 Portionen:

1 Radieschen, geschält, Enden flach abgeschnitten und zu Spaghetti spiralisiert

4 EL Olivenöl

6 Schalotten (weiße und grüne Stellen), in dünne Streifen geschnitten

1 Karotte, geschält und in dünne Streifen geschnitten

1 TL gemahlener Ingwer

230g Baby Shrimp, gegart

3 Knoblauchzehen, fein gehackt

2 Eier, geschlagen

2 EL glutenfreie Sojasoße

Zubereitung:

1 Radieschen in den Mixer geben und in 20 Sekunden-Intervallen mixen, bis es Reiskörnern ähnelt. Zur Seite stellen. In einer großen Pfanne das Olivenöl erwärmen.

2 Schalotten, Karotten und Ingwer in die Pfanne geben und unter gelegentlichem Umrühren etwa 5 Minuten köcheln lassen, bis das Gemüse weich ist.

3 Shrimps zugeben und etwa 2 Minuten, unter gelegentlichem Rühren erhitzen. Knoblauch zugeben und unter gelegentlichem Rühren 30-60 Sekunden anbraten, bis der Knoblauch glasig ist.

4 Eier zufügen und unter ständigem Rühren etwa 2 Minuten erhitzen, bis die Eier zusammengerührt und gar sind. Radieschen-Reis zugeben und unter ständigem Rühren etwa 5 Minuten kochen, bis der Reis gar ist. Sojasoße unterrühren.

Glutenfrei, Paleo

KCAL	EW	KH	FETT	ZEIT	GARZEIT	LEVEL
449	29g	14g	34g	15min	15min	mittel

SÜSSES AUS DEM OFEN

ZUCCHINIBROT

Zutaten für 1 Laib:

2 EL Kokosöl, zerlassen, teilen

1 Zucchini, geschält, Enden flach abgeschnitten und zu Spaghetti spiralisiert.

65g Kokosmehl

¾ TL Backpulver

½ TL gemahlene Muskatnuss

1 EL gemahlener Zimt

¼ TL Stevia

¼ TL Salz

2 Eier

60ml Kokosmilch

1 sehr reife Banane, püriert

Zubereitung:

1 Den Backofen auf 180 Grad Celsius vorheizen. Eine Kastenform mit 1 EL Kokosöl einfetten. Die Zucchini-Nudeln in 4-5cm lange Stücke schneiden.

2 In einer großen Schüssel Kokosmehl, Backpulver, Muskat, Zimt, Stevia und Salz vermengen. In einer kleinen Schüssel Eier, Kokosmilch, restlichen 1 EL Kokosöl und die pürierte Banane vermengen und gut verrühren.

3 Die flüssigen mit den trockenen Zutaten vermengen und gut verrühren. Die Zucchini-Nudeln unterheben.

4 Die Masse in die eingefettete Kastenform geben und in den vorgeheizten Ofen stellen. Nach 45 Minuten Backzeit, mithilfe eines Zahnstochers oder Spieß testen, ob das Brot gut ist (Zahnstocher in die Brotmitte stecken, beim Herausziehen darf kein Teig daran hängen bleiben). Auf einem Rost abkühlen lassen.

Glutenfrei, Paleo, Vegetarisch

KCAL	EW	KH	FETT	ZEIT	GARZEIT	LEVEL
69	2g	7g	4g	15min	45min	leicht

KAROTTEN-MUFFINS

Zutaten für 12 Muffins:

3 Karotten, geschält, Enden flach abgeschnitten und zu Spaghetti spiralisiert

30g Mandelmehl

½ TL Backpulver

½ TL Backsoda

¼ TL Salz

¼ TL Stevia

1 EL gemahlener Zimt

1 TL gemahlener Ingwer

2 sehr reife Bananen, püriert

4 Eier, geschlagen

50ml zerlassenes Kokosöl

60ml Kokosmilch

TL Vanilleextrakt

Zubereitung:

1 Den Backofen auf 180 Grad Celsius vorheizen. Ein Muffinblech mit Papierförmchen auslegen

2 Die Karotten-Nudeln in ca. 3cm lange Stücke schneiden. In einer großen Schüssel Mandelmehl, Backpulver, Backsoda, Zimt, Stevia, Salz und Ingwer vermengen.

3 In einer mittelgroßen Schüssel die pürierten Bananen, Eier, Kokosöl, Kokosmilch und Vanilleextrakt vermengen.

4 Die flüssigen mit den trockenen Zutaten vermengen und gut verrühren. Die Karotten-Nudeln unterheben. Den Teig in die Muffinförmchen füllen

5 Das Muffinblech in den vorgeheizten Ofen stellen. Nach 25 Minuten Backzeit, mithilfe eines Zahnstochers oder Spieß testen, ob das Brot gut ist (Zahnstocher in die Brotmitte stecken, beim Herausziehen darf kein Teig daran hängen bleiben).

6 Auf einem Rost abkühlen lassen.

Glutenfrei, Paleo, Vegetarisch

KCAL	EW	KH	FETT	ZEIT	GARZEIT	LEVEL
158	4g	9g	12g	15min	25min	mittel

SCHOKOLADEN-BETE MUFFINS

Zutaten für 12 Muffins:

3 Bete, geschält, Enden flach abgeschnitten und spiralisiert

2 EL Kokosmehl

¼ TL Stevia

½ TL Backsoda

2 EL Kakaopulver, ungesüßt

¼ TL Salz

60ml Kokosmilch

220g Mandelbutter, geschmolzen

1 TL Apfelessig

2 Eier, geschlagen

TL Vanilleextrakt

Zubereitung:

1 Den Backofen auf 190 Grad Celsius vorheizen. Ein Muffinblech mit Papierförmchen auslegen. Die Bete-Nudeln in 1,5cm breite Stücke schneiden.

2 In einer großen Schüssel Kokosmehl, Backsoda, Stevia, Kakaopulver und Salz vermengen.

3 In einer mittelgroßen Schüssel Eier, Kokosmilch, Mandelbutter, Apfelessig und Vanilleextrakt vermengen. Die flüssigen mit den trockenen Zutaten vermengen und gut verrühren. Die Bete unterheben.

4 Den Teig in die Muffinförmchen füllen Das Muffinblech in den vorgeheizten Ofen stellen. Nach 25 Minuten Backzeit, mithilfe eines Zahnstochers oder Spieß testen, ob das Brot gut ist (Zahnstocher in die Brotmitte stecken, beim Herausziehen darf kein Teig daran hängen bleiben). Auf einem Rost abkühlen lassen.

Glutenfrei, Paleo, Vegetarisch

KCAL	EW	KH	FETT	ZEIT	GARZEIT	LEVEL
174	6g	8g	14g	15min	25min	leicht

AVOCADO-SCHOKOLADEN MOUSSE AUF WÜRZIGEN SÜSSKARTOFFEL-NESTERN

HINWEIS: Ein Sanduhr-Spiralschneider könnte hier scheitern.

ALTERNATIVE: Die Süßkartoffeln einfach durch 6 Karotten ersetzen.

Zutaten für 4 Portionen:

Für die Süßkartoffel-Nester:

2 Süßkartoffeln, geschält, Enden flach abgeschnitten und zu Spaghetti spiralisiert

2 EL Kokosöl, zerlassen

¼ TL Stevia

1 TL gemahlener Zimt

½ TL gemahlener Ingwer

Prise Salz

Für die Mousse:

3 Avocado, geschält und entkernt

60ml Kokosmilch

½ TL gemahlener Zimt

50g Kakaopulver, ungesüßt

1 TL Stevia

1 TL Vanilleextrakt

Prise Salz

1 TL Zitronenschale

Zubereitung:

Die Süßkartoffel-Nester:

Den Backofen auf 220 Grad Celsius vorheizen. Das Rost auf die mittlere Ofenschiene platzieren. In einer großen Schüssel Süßkartoffel-Nudeln, Kokosöl, Stevia, Zimt, Ingwer und Salz vermengen. Die Kartoffeln zu 4 Nester formen und auf Backpapier legen. In den vorgeheizten Ofen geben und für 15 bis 20 Minuten backen, bis die Nester knusprig sind. Auf einem Rost abkühlen lassen.

Die Mousse:

Die Zutaten für die Mousse in einen Mixer geben. Für 30 bis 60 Sekunden glatt verrühren. Die Mousse auf die abgekühlten Süßkartoffel-Nester geben und servieren.

Glutenfrei, Paleo, Vegan

KCAL	EW	KH	FETT	ZEIT	GARZEIT	LEVEL
432	5g	22g	41g	15min	20min	schwer

DARF IN KEINER KÜCHE FEHLEN

BASILIKUM-VINAIGRETTE

TIPP: Um ein tolles Mediterranes Dressing zu bekommen, können Sie Oregano anstatt Basilikum verwenden und Zitrone anstatt Essig.

Zutaten für ca. 250ml:

155ml natives Olivenöl

60ml Rotweinessig

1 TL Dijon Senf

1 EL fein gehackte Schalotten

1 Knoblauchzehe, fein gehackt

30g frischer Basilikum, gehackt

½ TL Meersalz

¼ TL frisch gemahlener Pfeffer

Zubereitung:

Alle Zutaten in einer Schüssel gut verrühren.

Glutenfrei, Paleo, Vegan

KCAL	EW	KH	FETT	ZEIT	LEVEL
166	1g	1g	19g	10min	leicht

RANCH DRESSING

Zutaten für ca. 500ml:

250ml Saure Sahne

100g Mayonnaise

125ml Schlagsahne

2 EL Mandelmilch

2 TL frisch gepresster Zitronensaft

1 TL Apfelessig

30g frische Petersilie, gehackt

2 EL frischer Dill, gehackt

1 TL frischer Schnittlauch, gehackt

1 Knoblauchzehen, fein gehackt

½ TL Salz

½ TL frisch gemahlener schwarzer Pfeffer

⅛ TL Cayennepfeffer

Prise Tabasco-Soße

Zubereitung:

Alle Zutaten in eine Schüssel geben und gut verrühren.

Glutenfrei, Vegetarisch

KCAL	EW	KH	FETT	ZEIT	GARZEIT	LEVEL
71	1g	3g	6g	10min	5min	leicht

AIOLI

Zutaten für ca. 350ml:

2 Knoblauchzehen, fein gehackt

2 Eigelb

2 EL Rotweinessig

¼ TL Meersalz

½ TL Dijon Senf

300ml natives Olivenöl

Zubereitung:

1. Knoblauch, Eigelb, Essig, Salz und Senf in einen Mixer geben.
2. Alle Zutaten gut verrühren. Während des Mixens, das Öl langsam und tröpfchenweise zugeben (etwa 20 Tropfen). Anschließend das restliche Öl in einem dünnen Strahl zugeben, bis die Mayonnaise emulgiert.
3. Im Kühlschrank hält sich die Aioli-Creme bis zu einer Woche.

Glutenfrei, Paleo, Vegetarisch

KCAL	EW	KH	FETT	ZEIT	LEVEL
226	1g	0g	26g	10min	leicht

KETCHUP

Zutaten für ca. 180ml:

170g Tomatenmark

60ml Wasser

2 EL Apfelessig

2 Knoblauchzehen, fein gehackt

1 TL gemahlener Zimt

¼ TL gemahlene Muskatnuss

1 TL Zwiebelpulver

¼ TL Stevia

Prise Gewürznelken

¼ TL Orangenschale

1 TL Gelatinepulver

Zubereitung:

1 Alle Zutaten in eine Pfanne geben. Aufkochen lassen und bis zur gewünschten Konsistenz köcheln lassen. Für eine flüssigere Konsistenz ggf. etwas Wasser zugeben.

2 In einem fest verschlossenen Gefäß, hält sich der Ketchup bis zu 4 Wochen.

Glutenfrei, Paleo, Vegan

KCAL	EW	KH	FETT	ZEIT	GARZEIT	LEVEL
16	1g	3g	0g	10min	10min	leicht

SCHLUSSWORT

Ich hoffe, ich konnte Ihnen mit diesem Buch das Thema Gemüsenudeln und Spiralisieren ein wenig schmackhaft machen. Nach einem geglückten Einstieg werden Sie auch in Zukunft, so hoffe ich, viel Spaß mit Ihrem Spiralschneider haben und immer wieder neue Möglichkeiten entdecken und ausprobieren, Ihr Gemüse als köstliche und kreative Gerichte zu servieren.

Wie Sie gesehen haben, sind die Möglichkeiten endlos: Salate, Suppen, Reis, Nudeln, usw.

Ein kleiner Küchenhelfer, der viel neuen Schwung in Ihre Küche bringen kann und Sie gleichzeitig in Ihrer gesunden Ernährungsweise unterstützt, was will man mehr?

Auch Gemüse-Muffel in Ihrem Freundes- und Familienkreis werden sicher ihren Spaß an Zudel und Co haben. Lassen Sie Ihrer Kreativität einfach freien Lauf und entdecken Sie die Möglichkeiten, die in Ihrem Gemüse stecken, von denen Sie vielleicht noch gar nicht geahnt haben.

Gesund essen bedeutet nicht langweilig und eintönig essen zu müssen.

Ich hoffe, dass ich Ihnen das mit diesem Buch zeigen konnte und wünsche Ihnen weiterhin viel Spaß mit Ihren neuentdeckten Nudel-Kreationen!

Sarah Kaiser

14847767R00041

Printed in Poland
by Amazon Fulfillment
Poland Sp. z o.o., Wrocław